TODO LO QUE ODIAS DE TU SIGNO

(Y TODAVÍA NO SABES)

ESCORPIO

TODO LO QUE ODIAS DE TU SIGNO

(Y TODAVÍA NO SABES)

ESCORPIO

Una guía para sobrevivir a ti mismo

temas de hoy

173

Edición a cargo de Charas Vega
Corrección de estilo a cargo de Alba Armario

Desarrollo editorial: Anónima Content Studio
Redacción: Catalina Torres-Benjumea / María José Fermi
Cuidado editorial: Equipo Editorial Anónima Content Studio
Diseño: Anónima Content Studio / Lyda Sophia Naussán R.
Imágenes de interiores: © FreePik
Ilustración de la cubierta: Anónima Content Studio / Sheila Norma Alvarado Peña

Primera edición en español:

Bajo el sello editorial DIANA M.R.

temas de hoy, un sello editorial de Editorial Planeta, S. A.
Avda. Diagonal, 662-664, 08034 Barcelona (España)
www.planetadelibros.com

Primera edición en esta presentación: septiembre de 2024
ISBN: 978-84-19812-78-0
Depósito legal: B. 12.099-2024
Composición: Realización Planeta
Impresión y encuadernación: Huertas Industrias Gráficas, S. A.
Printed in Spain - Impreso en España

«No tenemos que avergonzarnos
de coquetear con el zodiaco.
Vale la pena coquetear
con el zodiaco.»

D. H. Lawrence

ÍNDICE

PRÓLOGO

Son autodestructivos: de morir y renacer. Por eso mismo uno de los símbolos de este signo es el ave fénix. Otros animales que también representan este resurgimiento son los reptiles cuando mudan de piel o incluso las águilas cuando, a cierta edad, se arrancan las plumas.

Su momento vital es la madurez introspectiva y su parte del cuerpo son los genitales (Escorpio es un signo muy muy sexual). Son magnéticos, seductores y misteriosos. Muy persuasivos, no me extrañaría descubrir que un Escorpio es el líder de alguna secta.

Reconozcamos que son gente muy leal, de amistades y relaciones largas. Cuando llegas a conocerlos bien puedes contar con ellos, pero son de extremos: o amigos para siempre o te hacen la cruz y no quieren saber nada de ti. No les gustan los grupos grandes. No es que sean antisociales, sino que prefieren hacer las cosas en la sombra.

Son muy protectores.

Si Libra no es de posicionarse, los Escorpio son de posicionarse muchísimo e ir a muerte con ello, tienen opiniones fuertes y no dudarán en defenderlas. Se obsesionan fácilmente con las cosas, las personas, las situaciones... y, aunque no lo demuestren, son muy emocionales. Este cóctel puede acabar explotando, ya que un mal movimiento delante de alguien que les importa puede desembocar en horas de comerse la cabeza y en sentirse mal durante días.

Les rigen Marte y Plutón, símbolos de guerra y muerte, pero también de resurgir de sus propias cenizas. No hay lugar a duda de que son muy vengativos, para qué negarlo.

Charas Vega (@charcastrology)

INTRODUCCIÓN

Todos hemos escuchado hablar de los horóscopos. Están en nuestra vida diaria, casi casi en nuestro ADN: que tu amiga comenzó a salir con un Piscis, que tu jefe resultó ser Leo o que por alguna razón eres muy organizada, y casualmente eres Virgo. Pero hay más que eso. La astrología influye en ti y tus relaciones con el universo en general.

En este manual para la vida te invitaremos a reconocerte en aquellas cosas que odias de tu signo (y todavía no sabes). Creemos que en la oposición están también las fortalezas; en reconocer lo que somos y lo que no. Hacer tuyo todo esto te hará mejor. ¿No es así, Escorpio? ¿Te suena, Acuario? Así que hemos recopilado todo aquello que no quieres reconocer y te lo hemos dejado bien clarito para que no te quepan dudas y puedas interactuar mejor con los demás y, por supuesto, contigo mismo.

Unas cuantas reglas de este universo

Te pedimos que dejes la lógica fuera —va para los Virgo—, y que después de leer esta guía analices tu vida e intercambies ideas y opiniones —sigue tu propio ejemplo, Géminis—. Lo que deseamos es que no te inventes historias en la cabeza; si eres Cáncer, ese mensaje es para ti, claramente. ¡Haz caso a las estrellas y déjate llevar!

Pero antes de empezar te pedimos que no dejes que nuestro tono sarcástico o nuestra ironía afecte tu sensibilidad, hay que tener sentido del humor en esta vida; hay que aprender de Sagitario. Nosotros hemos gozado escribiendo este manual de vida desde el humor negro. Primero, porque esa es una estrategia para afrontar mejor el estrés o algunos eventos críticos de la vida. Segundo, porque ayuda a reconocer que te equivocaste —toma nota, Aries—. Y tercero, porque simplemente es más divertido hacerlo así.

El escritor estadounidense Mark Twain —típico Sagitario— lo definió de este modo: «El ser humano solo tiene un arma efectiva: el humor». A lo que el poeta francés Jean de Santeul —otro Sagitario— añade: *Castigat ridendo mores*, es decir: «Corrige las costumbres riendo». Así que nos lo hemos tomado en serio y en esta guía te mostraremos un camino que va por ese lado.

LOS 12 SIGNOS DEL ZODIACO

Este no es uno de esos libros de horóscopos que romantiza la astrología y solo ve lo bueno de los signos, ese que ya tanto conoces y que has leído desde siempre. Aquí te vamos a decir «lo rudo» de los signos, por así decirlo: la verdad salvaje de cada uno, sin anestesia. Mejor dicho, este es un ANTIHORÓSCOPO: una guía de todo lo que no son, y que en realidad los pinta de cuerpo entero. Agarraos que allá vamos.

ARIES

21 de marzo–19 de abril

Aries, tú no conoces el límite. Con tu cornamenta lo empujas siempre para demostrar que puedes hasta con lo inalcanzable, incluso si acercarte a las llamas significa que puedas quemarte de vez en cuando. Eres puro fuego, pasión e impulso. ¿Ser uno más de la manada? Imposible. ¡Jamás! Tú no naciste para seguir al resto, sino para liderar.

Elemento: Fuego - **Regente:** Marte

TAURO

20 de abril–20 de mayo

Tauro, tú no naciste para sufrir. Eres un gozador nato. No entiendes cómo hay gente que no disfruta todos los placeres de la vida a cada momento, en cada instante. Aunque puedas parecer muy hedonista, la realidad es que —como buen toro— tienes los pies sobre la tierra. Eres confiable y estable. Eso sí, lo testarudo nadie te lo quita.

Elemento: Tierra - **Regente:** Venus

GÉMINIS

21 de mayo–20 de junio

Arriba o abajo. Blanco o negro. Amor u odio. Géminis, a ti el punto medio te da alergia. A ti lo que te gusta son los extremos, puedes pasar de un extremo al otro como quien cambia de ropa interior a diario. Te habita un par de gemelos que van a su estilo, los dos muy guapos, muy hermosos; ellos son los reyes de la calma y de las buenas bromas.

Elemento: Aire - **Regente:** Mercurio

CÁNCER

21 de junio–22 de julio

Cáncer, tú que odias la inestabilidad y las ambigüedades, siempre estás listo para zambullirte en el mar de emociones que es la vida. ¿Viene una ola de alegría? Ahí estás. ¿Viene una ola de tristeza o mal humor? ¡Caparazón, para eso te tengo! La intuición pocas veces te falla, por eso eres el consejero del zodiaco, aunque tu sensibilidad a flor de piel a veces te traiciona.

Elemento: Agua - **Regente**: La Luna

LEO

23 de julio–22 de agosto

Confiesa, Leo, cuando entras en una habitación piensas para ti: «Abran paso a su alteza, rey de la selva, primero de su nombre, señor de las constelaciones y protector de todo el reino zodiacal». Y es que naciste para brillar y liderar. Aunque a veces ese poder se te suba a la cabeza y reines en la oscuridad de tu propia soberbia.

Elemento: Fuego - **Regente:** El Sol

VIRGO

23 de agosto–22 de septiembre

Vamos a delatarte, Virgo. No hay nada que te saque más de quicio que te cambien los planes. Tú no dejas nada fuera de orden, eres amante de las hojas de Excel y las agendas. Si de último minuto te cancelan una cita, no hay poder humano que te haga aceptar otra. Tienes un espíritu eficiente y perfeccionista que no puedes con él.

Elemento: Tierra - **Regente:** Mercurio

LIBRA

23 de septiembre–22 de octubre

Que no te pidan enfrentar un conflicto o tomar una decisión radical, Libra. Tú eres el amo y señor de los matices. Te sientes cómodo moviéndote en un sinfín de tonos grises. Como buena balanza que eres buscas el equilibrio, pero sueles tener respuestas que no son «ni fu ni fa». Ahora bien, lo que te sobra de indeciso lo tienes de sobra en acto y espíritu conciliador.

Elemento: Aire - **Regente:** Venus

ESCORPIO

23 de octubre–21 de noviembre

Ni olvido ni perdón. Los que dicen que los monstruos no existen no te conocen enfadado, Escorpio. Y una vez que clavas el aguijón no hay vuelta atrás. No hay disculpa que sirva; «ojo por ojo y diente por diente» es tu ley. La memoria es tu aliada, pues tampoco olvidas los buenos gestos que otros han tenido contigo. Magnético y pasional, andar a tu lado es abrazar el misterio y saltar al vacío sin saber si el paracaídas abrirá o no.

Elemento: Agua - **Regente:** Plutón

SAGITARIO

22 de noviembre–21 de diciembre

No tener planes no es lo tuyo, Sagitario. Quedarte quieta o quieto, tampoco. Los días duran 24 horas, pero los tuyos tienen 30. Si no tienes nada que hacer, te lo inventas. Eres pura aventura, vives para intentar cosas nuevas: viajar a lugares desconocidos, degustar platos exóticos y probar cuanta posición en la cama tu cuerpo te permita.

Elemento: Fuego - **Regente:** Júpiter

CAPRICORNIO

22 de diciembre–19 de enero

Para ti, Capricornio, no existe peor pecado que no cumplir una promesa. La palabra es palabra; si no, azote. Tú ordenas tu mundo con una línea imaginaria que divide todo lo que está bien de lo que está mal y más les vale —¡y a ti también!— estar del lado correcto. Si la vida es una montaña, tú naciste para treparla y llegar a la cima, aunque cueste sangre, sudor y lágrimas.

Elemento: Tierra - **Regente:** Saturno

ACUARIO

20 de enero–18 de febrero

¿Seguir las reglas del juego? Eso nunca. Las pautas y normas no se inventaron para ti, Acuario. Tú estás lejos de ser casto y puro. Eres libertino y cuestionas hasta el cansancio. Buscas nuevos caminos para innovar y, ¿por qué no?, liberar todo aquello que consideras injusto. Lo que tienes de audaz e intrépido, también lo tienes de impredecible y esquivo.

Elemento: Aire - **Regente:** Urano

PISCIS

19 de febrero–20 de marzo

A ver si Piscis nos presta atención. Deja tu realidad paralela un segundo, por favor. Sabemos que no te gusta sentirte preso y que tu respeto por las convenciones es tan abstracto que dejas que todo fluya por otro lado. Si las cosas se ponen difíciles, te esconderás entre los corales; pero cuando estés preparado, ¡vaya!, saldrás a la superficie para dar un coletazo si te desafían.

Elemento: Agua - **Regente:** Neptuno

ESCORPIO

AQUEL QUE

BRILLA EN EL

LADO MÁS

oscuro.

ANIMAL

Desde aquí empieza el misterio, Escorpio. Estás representado por un escorpión, que no soporta el agua y vive mejor en los desiertos. Tienes una cola mortal y esa no es una metáfora.

Los escorpiones son arácnidos con tenazas, una especie de caparazón y cola venenosa con la que se defienden y atacan a sus enemigos. Es sorprendente, porque cuando entierran el aguijón pueden escoger el nivel de veneno que quieren inyectar en su enemigo: solo para defenderse o para aniquilar. Son seres solitarios que solo se ven juntos cuando se aparean. Son nocturnos y territoriales... Cualquier parecido contigo es pura coincidencia.

CONSTELACIÓN

La constelación que te rige simboliza la destrucción y el renacimiento. Cuando la observas puedes notar un escorpión. Hasta ahora es la menos abstracta de las otras siete (Aries, Tauro, Géminis, Cáncer, Leo, Virgo y Libra). Aunque, para ser honestos, Libra era la pinza sur de Escorpio antes de que misteriosamente apareciera esa separación, pero los mitos alrededor de ese signo son más bien cuentos.

Volviendo a lo que nos importa, que eres tú, Escorpio, la mitología griega detrás de tu constelación se relaciona con Orión —que tiene más versiones que la Biblia—, Artemisa y un escorpión gigante. La historia dice que a Orión lo mató ese escorpión gigante por algún rollo con Artemisa y el pobre animal también murió. Entonces, cuando en el cielo se ve la constelación de uno, no se puede ver la del otro, y viceversa.

SÍMBOLO

El símbolo es otra M, igual a la de Virgo, pero en vez de tener una panza tiene una flecha filosa que hace de aguijón mortal. En este caso, la M representa la fuerza de Marte, que te rige en compañía de Plutón.

PLANETA REGENTE

Otro misterio es que te rigen dos planetas muy poderosos, Marte y Plutón; bueno, un planeta y medio, porque Plutón ahora es un planeta enano.

Marte, el dios de la guerra, hace que tengas una necesidad imperiosa de estar alerta todo el tiempo, como si tuvieras que defenderte del mundo solo por haber nacido. Por eso muchos te consideran agresivo y furioso, pero lo que no saben es que eres un pedacito de amor y pasión que no puede darse el lujo de mostrar su profundidad porque nos ahogaríamos.

El planeta enano, sí, Plutón, ahí tan pequeño donde lo vemos es el que gobierna el reino de las sombras y las almas perdidas, y es el que te ayuda a controlar todos esos secretos oscuros, es el cerebro detrás de tus peores venganzas.

La verdad es que nos gustaría tener un poquito de lo tuyo porque lo posees todo en cantidades alarmantes. Tus planetas tienen en común que se asocian con la energía, la intensidad y la fuerza. La diferencia es que Marte es directo y explosivo, y Plutón es sutil, profundo y místico. Como tú, igualitos.

ELEMENTO

Nos han mentido toda la vida diciendo siempre que el agua es calma, que es sinónimo de tranquilidad y paz. La pregunta que nos surge es: ¿qué tipo de emociones y sentimientos tienen las personas que dicen que el agua es tranquila? Tu elemento es el que representa la profundidad de los sentimientos, la intuición y las emociones que, en tu caso, Escorpio, están todas multiplicadas por la palabra «intensidad» y elevadas a la profundidad... *Wait, what?*

Eres famoso por intuir mucho más allá de lo que los mortales pueden; ves más allá de las apariencias, más allá de lo que te dicen y mucho más allá de lo que queremos que veas. Estar contigo es una constante terapia de psicoanálisis, todo lo quieres saber con profundidad, no te interesan las conversaciones para romper el hielo ni los datos al aire, para ti lo más importante es saber la verdad por tus propios medios. El problema es salir de ahí, de esos mundos oscuros en los que te metes y de los que te cuesta tanto trabajo salir.

Pero no solo eres misterioso y oscuro, cuando te importa alguien lo acompañas en su oscuridad y también lo ayudas a salir de ahí, porque en el fondo de esas turbulencias, muuuy al fondo, lo que hay es un corazón blandito que no quiere que le hagan daño.

PERSONALIDAD

¿QUÉ NO ERES, ESCORPIO?

Todo es muy complejo contigo: eres un signo de agua representado por un animalito de tierra mortalmente venenoso. Te rigen dos planetas en vez de uno, tienes un lado emocional muy desarrollado y un deseo imperioso, oscuro y apasionado... Solo tú sabes la indescifrable verdad que hay dentro de ti, Escorpio.

Escorpio, no eres una sola cosa

Eres encantador, tienes un montón de ingredientes que en otro caso serían un desastre. Naciste preparado para salir victorioso de todo, hasta de ti. Gracias a tu elemento —el agua— eres emocional y sensible, pero también básico y conflictivo; místico y espiritual, pero también amigable y sincero; intenso y abrumador, pero también tranquilo y paciente. ¿Cómo lo haces? Fácil, eres único en lo bueno y en lo perverso. Tienes un imán en tu personalidad y atraes a todo el mundo, el problema es que no todos se quedan porque no están equipados con lo que se necesita para semejante descarga.

Desconoces, desde siempre, el punto medio, no tienes radar para encontrar la medida justa. Eres todo o nada, y eso del gris ni te pasa por la cabeza, lo tibio y la media no se dan en ninguna parte de tu vida. Tienes el poder de decir todo con una mirada: desde «Hola, me gustas» hasta «Sabes que te voy a matar, ¿cierto?», y en vez de una memoria prodigiosa tienes un disco duro y no se te pasa lo bueno que hacen por ti... Y ¿lo malo? Lo malo es diferente; no solo no se te olvida, poco a poco vas preparando tu venganza y los picas para que recuerden su error, se equivocaron contigo y eso es uno de los pecados que no tienen perdón ni olvido. La venganza es un ejercicio aeróbico, la practicas de una manera retorcida, fría y sin remordimientos.

Escorpio, no tienes nada blandito

En tu cadena de evolución vas cortando cabezas porque eres muy exclusivo y además presumes de un «sexto sentido» que pocas veces se equivoca. No todos pueden acercarse. No te gustan las apariencias, le tienes alergia a lo falso; no soportas la hipocresía y si te traicionan no tienes misericordia. Eres brutalmente honesto y no esperas menos a cambio. Por otro lado, si te gusta alguien no puedes controlarte, te obsesionas con facilidad, y no solo con las personas, también con los sueños, el trabajo, los resultados de un proyecto... El amor por lo que te gusta es envolvente, intenso y un poco posesivo. Aquí tampoco conoces el punto medio. Si te gusta, vas con todo y hasta el final, de lo contrario no le das falsas esperanzas; además, te repelen los sentimientos no correspondidos, no sabes dónde ponerlos y ya tienes suficiente con todo lo que eres tú solito como para cargar con cosas que no te agradan.

Escorpio, tu kryptonita

Eres el alma de la fiesta sin querer serlo, todos admiran tu autenticidad, y ese misticismo que te envuelve hace que todos quieran contigo. Pero cuando te absorbe la inseguridad eres capaz de dejar a la persona amada por miedo a que te deje, ¡SIN PREGUNTARLE!

Tu mecanismo de defensa cuando desconfías te hace salir corriendo y esconderte del mundo en cuanto sientes la mínima incomodidad con tu amor. También tienes unos celos poderosos y venenosos como la cola del escorpión. Es muy difícil, por ejemplo, que tengas una relación con un signo de aire —que necesitan espacio para ellos— porque te desprogramas y te vuelves loco, no entiendes bien eso del espacio, tú no lo necesitas si estás en pareja. Tienes una pared emocional que no te permite comunicarle nada, por lo que todo se vuelve muy pesado. Lo que ocurre después en estos casos es que te cierras y no quieres hablar; haces pucheros, pero no dices lo que te incomoda. A diferencia de ti, ninguno de los otros signos tiene pactos místicos con Plutón, por lo que no saben lo que estás pensando ni por qué dejaste de hablar durante un fin de semana entero.

DEFECTOS

Eres territorial y no te gusta que nadie se acerque a lo tuyo, pero esos celos son un peligro porque usas también la pasión y la intensidad con el otro y a veces no lo dejas respirar. No hay que ser del elemento aire para sentir la asfixia, relájate, amigo, pues si está contigo es porque te escogió también.

Cuando desconfías de tu entorno quieres mandar en todo; quieres arreglar las luces, dirigir el espectáculo y bailar... ¡todo al mismo tiempo! Y, seamos francos, es la regla, porque hasta tu sombra te parece sospechosa. Quieres entenderlo todo, y si no lo entiendes no puedes descansar ni parar la investigación, porque no te lo habíamos dicho, pero tu apodo es «el detective del zodiaco».

No te instalaron la aplicación de soltar y dejar ir, te obsesionas con una facilidad increíble, ¡en segundos!, y luego pasa una eternidad y dos guerras para que lo dejes ir.

Eres un libro cerrado, pues no cuentas nada, ni un poquito, y al final el que estuvo a tu lado no sabe ni con quién estuvo, porque no llegó a conocerte.

LO QUE TE HACE SUPERIOR

Tu terquedad te vuelve paranoico, Escorpio. Si, por ejemplo, compras un mueble para montar, obviamente no vas a usar las instrucciones, eso es para principiantes ingenuos. Y aunque después de batallar durante horas y con 50 tornillos sobrantes el mueble esté montado, seguramente estornudas y se desmonta otra vez. Sin embargo, la única verdad para ti es que el mueble es de pésima calidad y que los fabricantes están conspirando para conquistar el mundo. ¿Cómo llegas a esa conclusión? Solo una mente oscura con el alcance de ese tipo de oscuridad puede saberlo. A nosotros, los mortales, solo nos parece divertidísimo.

TU PEOR INSULTO

- Que te digan predecible y fácil de leer.
- Que te menosprecien por tu sensibilidad.
- Que te digan que no puedes controlarlo todo.
- Que se burlen de tus venganzas.
- Que confundan tu oscuridad con ignorancia.

«EL LÍMITE NO EXISTE»

Eres sabio, ves lo que nadie más ve y puedes descifrar a cualquier persona solo con que se te acerque. El problema es que, si te gusta o te cae bien, inmediatamente te obsesionas y aunque puedas ver que esa persona no es ni para amiga o algo más, no te escuchas y te sumerges por completo en la experiencia.

Normalmente eres observador y muy intuitivo, esa conexión con Plutón te hace casi brujo, pero si además sientes un revoloteo de mariposas en el estómago, estás inhabilitado para ver la realidad.

TU LADO *DARK*

Eres un ser tranquilo y silencioso, te pasas el día hablando contigo mismo sin molestar a nadie, pero cuando te hacen daño, y te sientes herido o traicionado, tu ira es mortal. Tienes una sed de venganza (peor que la sed de una resaca) que te tapa los ojos y lo único que deseas es hacer pagar a los que se han atrevido a meterse contigo. Debemos confesar que si hay algo que nos asusta en todo el zodiaco es tu ira, porque siempre terminas vengándote de alguien y no tienes control sobre tus emociones, aunque creas que las dominas.

ASESINOS EN SERIE

Los Escorpio son unos asesinos en serie bastante profesionales e icónicos. Podrían esconder un cadáver sin despertar ningún tipo de sospecha. Su halo de misterio es un *must* para cualquier *psycho killer* y su capacidad de persuasión les ayudará mucho, sobre todo a la hora de convencer a otra persona de que mate para ellos poder convertirse en unos meros cómplices de asesinato.

Charles Manson: Como dije, los escorpiones pueden llegar a ser un tanto manipuladores y, sin mancharse las manos de sangre, convencer a otra persona para que lo haga. Manson es el ejemplo perfecto de ello. Era una persona muy artística e intensa que sabía detectar la vulnerabilidad en los otros (más bien en las otras). No lo pillaron hasta el caso Polanski.

David Parker Ray (Toy-Box Killer): Si un Escorpio es malo, entonces es el peor de todos. Con David Parker Ray no voy a ser muy explícita por si alguien tiene el estómago sensible, solo diré que esta persona fue la inspiración para crear la saga *Saw*. Por favor, no busquéis imágenes.

MODA

No quiero reducir a los Escorpio a un cliché, pero es del todo cierto que les pirra el negro (y los colores oscuros en general). Puede que hayan pasado por una fase emo/gótica, porque pintarse la raya del ojo de negro para ellos es lo mínimo.

Saben perfectamente cómo ser sexis y no dudarán en ponerse algo incómodo si tienen en mente seducir a alguien. En su armario, más allá de los básicos negros y de sus botas seductoras, hay un montón de prendas que destacan por su personalidad y originalidad. Escorpio quiere que la gente se acuerde de él y demostrar que es una persona intensa incluso a la hora de vestir.

PLAYLIST

Canciones Escorpio de artistas Escorpio:

- Lorde — *Liability*
- Carly Rae Jepsen — *Emotion*
- SZA — *Kill Bill*
- Frank Ocean — *Solo*
- Lil Peep — *Save That Shit*
- Luz Casal — *Un año de amor*
- Joni Mitchell — *Blue*
- Neil Young — *Words (Between the Lines of Age)*
- Björk — *Hyper-Ballad*
- Bikini Kill — *Rebel Girl*

PERSONAJES FICTICIOS

Sick Boy, de *Trainspotting*

Un tío literalmente autodestructivo, persuasivo, manipulador... No tiene problemas en admitir que no es muy buena persona. En el libro se le describe como un poco reptil, una familia de animales, como sabes, muy vinculada con el signo de Escorpio por como mudan la piel y renacen. Súmale que el actor, Johnny Lee Miller, es Escorpio también.

El conductor de *Drive*

Protagoniza una historia de venganza, es frío —por fuera—, protector y (¡al loro!) lleva un escorpión bordado en la espalda de su *bomber*. Si este tío no es el signo de Escorpio personificado, yo me bajo de la vida.

Medea

La primera mujer protagonista de la historia de la literatura occidental: guapa, lista, bruja... Sí, lo sé, se le fue un poco de las manos, lo de matar a tus hijos para dar una lección a Jasón quizá fue demasiado..., pero no por eso tenía menos razón.

PERSONAJES REALES

Lorde

Quitando su momento *hippie* actual, sus discos son súper Escorpio. ¿Temáticas? La vida de la noche, la autodestrucción, la oscuridad y el sentirse apartada. Solo una verdadera Escorpio podría quererte tanto hasta que llames la policía.

Martin Scorsese

La venganza es un tema recurrente en sus películas y su vida personal no está exenta de periodos autodestructivos: acabó en el hospital por su adicción a la cocaína. Además, mantuvo una relación de lo más tóxica con Liza Minelli. Como buen Escorpio resurgió de sus cenizas, rodó una obra de culto como *Jo, ¡qué noche!* y de nuevo al pie del cañón.

Fiódor Mijáilovich Dostoyevski

Un señor obsesionado con personajes reguleros —como el prota de *Apuntes del subsuelo*— o afligidos por la culpa —como en *Crimen y castigo*—. Tampoco se quitaba de la cabeza la muerte, la fe ni cualquiera de las cuestiones intensas que son el pan del día a día de los Escorpio.

Sam Raimi

Tiene un humor realmente oscuro y mucha pasión por su arte. Su forma de llegar a ser director de cine también es TAN de Escorpio... Le mueve la pulsión de crear. ¿Quiere hacer algo? Se obsesiona, se saca de la chistera *The Evil Dead* con dos duros y tiene la suerte de que se convierta en una obra de culto.

Joaquin Phoenix

Vivió una historia tortuosa: su familia formó parte de una secta y, después, tuvo que cantar y bailar en la calle con sus hermanos para ganar dinero. Su hermano murió de sobredosis. Con una vida súper trágica, ha tenido que reconstruirse, de ahí el apellido Phoenix, como el animal mitológico símbolo de Escorpio.

TUS MOMENTOS MÁS ODIOSOS

Tienes varios de estos, por ejemplo, la superficialidad de los otros te la tomas como una ofensa personal y no, querido, algunos solo tratamos de sobrevivir a un mal día viendo una comedia romántica mala o *scrolleando* en Tinder.

Otro de tus momentos odiosos es cuando eres un invitado y no tienes el control; te frustra no saberlo todo ni poder dominar las situaciones. Les tenemos mucho miedo a tus reacciones porque son intensas y apasionadamente irracionales.

EL REGALO MENOS DESEADO

Lo peor que te pueden regalar es un libro de autoayuda de cualquier *coach* espiritual principiante que tiene la profundidad de un charco. Odias todo lo que no sea profundo y cargado de emociones fuertes, y si el contenido del libro es del tipo «Cómo ser más abierto y confiar plenamente en los demás en tres sencillos y prácticos pasos», te lo tomarás muy mal y no sabemos qué le pasará al pobre que te dio un regalo tan mal escogido.

EL COLMO DE LOS COLMOS

Tu peor escenario es estar en una sala llena de Géminis tratando de sostener una conversación en la que ningún tema es lo suficientemente profundo, porque cuando intentas meterte en uno, ellos ya están en otro diferente. La idea de no poder hacer conexiones verdaderas y de peso con las personas te aburre y no soportas tener esas conversaciones políticamente correctas; es más, no soportas nada políticamente correcto. Que, por favor, nadie te invite a esas torturas sociales.

HOBBIES QUE ABORRECES

- Tejer un suéter para gatos.
- Montar un rompecabezas de 1000 piezas.
- Asistir a clases de meditación GUIADA.
- Participar en un club de pompas de jabón.
- Montar un mueble de Ikea.

JAMÁS TE DISCULPARÁS POR…

Lo principal es que tienes la razón, y prefieres mostrar las emociones fuertes de rencor y venganza antes que admitir un error y disculparte por tu equivocación. Esto te hace muy peligroso, así que mejor solo te mandamos notitas de amor y buenos deseos. Todo esto es porque no puedes soportar mostrarte débil; tienes mucho miedo de que te duela el corazón. Y, bueno, Marte no colabora demasiado con la paz y el perdón, y Plutón, ese enano siempre tiene una historia mística de que alguien se murió por haberse equivocado y tú le crees todo sin dudar. A ese planetita no lo cuestionas y le haces caso en todo.

ANTIMATCH

Sí, Escorpio, eres intenso e impredecible; en ocasiones demasiado, y eso les encanta a muchos signos, pero otros apenas lo toleran. Así que, cuando se trata de compatibilidad, eso hace que no te vaya tan bien con esos signos. Ojo, tranquilo, no significa que esto sea motivo para usar las armas contra ellos, solo es una mera explicación de por qué la poca química.

Acuario

Es un signo práctico que busca cómo solucionar fácilmente los estados de alteración. En vez de darte apoyo y acompañarte en tus momentos oscuros, te da consejos para que salgas de ahí rápidamente y tú lo quieres matar.

Aries

Este signo es igual de mandón que tú, pero no tiene tu tacto ni tu paciencia. Este signo aventurero solo quiere pasarlo bien y tener emociones fuertes y pasajeras. Prefiere la cantidad antes que la profundidad de cada experiencia. Por aquí podrías estar muy aburrido porque Aries es como un ser primario y básico, y tú eres el opuesto perfecto a eso.

Géminis

Necesita espacio y libertad, que lo dejes ser y andar sin ti. Tú no tienes ni idea de qué es necesitar espacio. Si estás enamorado hasta los huesos, no sabes para qué se usa eso. Esto podría ser una bomba de tiempo... No digas que no te lo advertimos.

AMOR

¿CÓMO ERES EN EL AMOR, ESCORPIO?

Eres el misterio mejor guardado, y no es una metáfora, realmente no es fácil conocerte y tu vida es un secreto que no compartes. Sin embargo, eres profundo y odias las conversaciones sobre el clima que no llevan a ninguna emoción y en las que no puedes profundizar. En el amor eres intenso, profundo, leal, posesivo, celoso y paranoico. Te encanta sentirte deseado y no es difícil, tu enigma es muy atractivo para todos los signos.

Cuando por fin alguien pasa el filtro de tu exigente selección (que es eterna con un millón de pruebas) quieres hasta respirar al tiempo que la otra persona. Te sientes completo y para ti no hay mundo aparte. Eres leal y le quieres contar al mundo que tu pareja es tuya. La fogosidad y la pasión tienen un nuevo significado para tu pareja después de ti, pero a veces te pones un poco posesivo y quieres controlar hasta lo que se come y cómo se lo come. Tienes una tendencia a los celos enfermizos y cuando te hacen daño, la forma de superarlo es vengándote. Claro, esto es solo al principio, cuando no te conocen lo suficiente. Después te das cuenta de que el mundo exterior no vale tanto la pena como para amargarte y que lo mejor es no gastar palabras si no es necesario o si no tienen nada que aportar.

La frivolidad te aterroriza, huyes de lo superficial y no soportas lo ligero sin conexión emocional. Aunque eres un animal de tierra seca, tu elemento te hace emocional y muy sensible, pero eres un sensible bravucón. Verte llorar o quejarte es muy difícil, pero es más difícil todavía verte reconocer un error: no estás acostumbrado a equivocarte y no se te da bien agachar la cabeza.

LO QUE NO HARÍAS NI POR AMOR

Puedes encontrar esa persona con la que conectas más allá de las tripas y casarte, tener familia, vivir durante años y llegar a confiar en que estaréis juntos hasta que la muerte os separe. Pero algo que jamás harás es contar tus secretos más oscuros. Siempre guardas secretos que te llevarás a la tumba.

Lo otro que no harías, ni por todo el amor del mundo, es olvidar una traición; la deslealtad es el pecado que no perdonas y la venganza es una consecuencia que no se olvida ni se abandona. Esa es tu ley.

AHÓRRATE LA TERAPIA

Nunca había sido tan difícil describirte, Escorpio (pausa dramática esperando que no tomes venganza), ¡no te ahorres la terapia! Lo que sí puedes hacer... es... No, solo ve a terapia.

También sería genial que te alejaras de aquellos signos que te pueden llevar al psicólogo, como Aries y Acuario, por ejemplo. El primero porque es muy fuerte y no se deja llevar por nadie y tú, bueno, tampoco. Los dos son rencorosos y todo se lo toman de manera personal, así que desde el principio salen chispas entre vosotros dos. El segundo porque viven en un mundo paralelo en el que siempre están muy ocupados con ellos mismos y parece que se pasan el día mirándose su ombligo. Tú eres un manojo de emociones y te gusta sentir que la otra persona está siempre para ti. Esto lo puedes aplicar en el amor, la amistad o los negocios. ¡Que no se diga que no te lo advertimos!

¿CÓMO APLICAS EL *GHOSTING*?

Si te enteras de que te están escondiendo algo, por mínimo que sea, no vuelves a responder. Tu corazón es tu tesoro y lo mantienes lejos del mundo, hasta de los más cercanos. Si sientes que esa persona no está para ti, no conectas profundamente con ella, así que buena suerte y hasta luego. Pero eso sí, que dejes de responder no significa que desaparezcas del todo. En estos casos aplicas uno de tus mejores talentos: ser detective. No le contestas a esa persona que te lastimó, pero bien que andas revisando sus redes sociales y te enteras hasta de lo que no te hubieras imaginado. Sin embargo, esto solo te sirve para confirmar que hiciste lo correcto y que lo mejor fue decir ¡hasta nunca!

TU MEJOR LIGUE PARA UNA SOLA NOCHE

Es sorprendente, y casi increíble, pero Capricornio es una experiencia que no te puedes perder. Parece reservado y distante, igual que tú, pero también tiene una intensidad oculta y las conexiones entre vosotros van más allá de las calenturas y los cuerpos. Será una tremenda faena.

TU AMANTE IDEAL

Piscis, sin dudarlo. Este signo vive la misma intensidad en las emociones profundísimas; es el más leal cuando encuentra reciprocidad, los dos tenéis esa relación con lo místico y hasta os podéis hablar con los ojos. Ambos buscáis una relación duradera, un compromiso intenso y una propiedad contramarcada.

¿QUIÉN ES TU PEOR AMANTE?

No hay peor amante para ti, disfrutas todas las formas de sexo y en todas las posiciones. Ahora bien, si te topas con una persona que finge, que no le gusta el sexo y se aburre con él, es posible que además de no volver a verla, también la borres de la memoria con un poco de desprecio... ¡¿Cómo se atreve a tanto?!

¿CÓMO NO ABURRIRTE, ESCORPIO?

Para ti la falta de innovación es sinónimo de desamor, por lo que si tu relación se vuelve rutinaria y predecible sales corriendo y no hay oportunidad de de alcanzarte. A ti te gusta refugiarte en tu pareja y hacer un equipo que sea divertido y profundo. No tiene que ver con que el otro sea dramático o impulsivo, tiene que ver con alimentar la relación y que te sorprendan con experiencias que te lleven al límite, que te emocionen para que tengas combustible cuando viene la calma, porque todas las relaciones llegan siempre a ese punto.

¡Que le pongan emoción al asunto! ¡Mínimo una conversación sobre política o, mejor, sobre el Kamasutra!

COMO EX ERES...

Imposible de olvidar. Si las cosas terminan mal y fue por culpa de la otra persona, venganza segura. Y ojalá que tengas compasión y no sea tan dolorosa, al menos por los buenos tiempos. ¡Que los dioses se apiaden de ellos!

Eso sí, jamás te mostrarás herido o triste, Escorpio. La debilidad no es una opción para ti.

PARA QUE TE SOPORTES

No sabemos qué podemos decir sin que quieras sacarnos los ojos o sin que odies lo que te vamos a decir. Tranquilo, no quemes este libro, respira que solo queremos ayudarte.

- Tu vida es compleja, misteriosa y profunda, pero eso no quiere decir que lo opuesto no sea agradable también. No tiene nada de malo tener espacios frívolos y ligeros con personas amables y divertidas, no siempre tienes que entablar relaciones eternas y relevantes. La diversión también viene de estar tranquilo pensando en que no todo tiene un amarre, una consecuencia o un secreto oscuro.
- Hay una venganza que funciona para los dos lados: pasar la página y considerar que tal vez tú tienes responsabilidad en lo que te ocurre. Sé adulto, usa tu mayoría de edad para hacerte cargo de tus meteduras de pata.

DINERO

ESCORPIO Y EL DINERO

♫ «Así que shh shh, nadie lo sabrá» ♫. Que suenen las monedas... Escorpio *is in da jaus*. Ambicioso y persistente buscando tus metas financieras, tienes buena mano para el dinero y los negocios. Entiendes el mundo de las cuentas y los presupuestos, el pago de impuestos y el control del salario, pero es probable que nadie a tu alrededor sepa si estás nadando en una piscina de euros o te van a embargar todos tus bienes... Un misterio tan escorpiano que duele.

En la oficina puedes ser un hueso duro de roer. Tu cuota de desconfianza está siempre al alza: quieres hechos, no palabras; y para dejar entrar a cualquiera a tu círculo primero deben demostrar pasión, compromiso y capacidad.

NI POR TODO EL DINERO DEL MUNDO

Escorpio querido, tú pareces muy seguro de todo pero de vez en cuando te asaltan las dudas. Vas «pasito a pasito, suave, suavecito». Nunca harías una transacción si no estás seguro de la inversión, la persona a cargo o la alineación lunar. Sin embargo, una vez que decides, vas hasta la muerte con ello.

TALENTOS ESCONDIDOS PARA TRABAJOS IDÍLICOS

«Los negocios son negocios, socio», canta Residente, y tú te aprendiste la letra de memoria, Escorpio. En tu opinión, amor y trabajo no se juntan. ¿Despiadado? ¡Nah!, el precio a pagar por ser competitivo y exitoso, esto te hace un gran empresario, vendedor o banquero nato.

Solo dándote el nombre de alguien eres capaz de descubrir dónde trabaja y que su madre se junta todos los jueves a tejer con las amigas. Ese talento puede convertirte en el amigo que todos necesitamos para *stalkear* gente en redes o, también, puede impulsarte como auditor, periodista de investigación o *hacker*.

No importa la situación, siempre pareces tener una máquina que lee la mente. Tienes la costumbre de filosofar sobre los misterios de la vida y esto hace que tu intuición sea infalible. Das los mejores consejos y sabes leer a las personas como quien abre un libro. Explota ese talento como psicólogo o *coach*.

¿EN QUÉ NO GASTAS TU DINERO?

El que tenga ganas de morir, que te pregunte en qué gastas tu dinero, Escorpio. Casi casi podemos escuchar tu cantaleta: que qué nos importa, que es TU dinero, que te lo ganaste con el sudor de TU frente y lo que hagas con él es TU problema. Casi nadie sabe cuánto ganas, cuánto tienes y ¡menos! en qué lo gastas.

¿CÓMO INVIERTES, ESCORPIO?

Tú no gastas, inviertes. Nunca comprarás algo en vano, porque eres calculador para desembolsar. Un lujo no viene mal de vez en cuando, especialmente porque —aunque te cueste aceptarlo— sabes que el dinero equivale a poder y control.

No sabemos cómo se ve la nariz de un escorpión, pero cuando de dinero se trata, sin duda tienes el olfato de un perro antidrogas. Tu intuición para los negocios está QUE ARDE. Si te da buena espina, es por algo. Pero no solo eso, cuando de invertir se trata, también haces la tarea: eres riguroso, calculador y observador. ¿El resultado? Inversiones con cabeza y buen ojo, que pueden ir desde financiar algún emprendimiento hasta acciones de crecimiento.

Eso sí, que no se te vaya la mano con el importe que inviertes. Con esa cabecita que no para de darle vueltas y vueltas a las cosas, los préstamos, las deudas y los gastos fuertes dinamitan tu estabilidad emocional y ya sabemos cómo termina eso.

PARA QUE TE SOPORTES

Contigo tenemos que ir de puntillas, no vaya a ser que nos envíes una carta bomba o nos encuentres por la calle con el libro subrayado y comentado exigiendo una disculpa. Por eso hemos redactado cuidadosamente unas pequeñas sugerencias para ti:

- Tienes una intuición muy fina; lo que no te cuadra, es por algo. Pero el resto del zodiaco no es así. Por eso puede que al principio te tilden de loco o antipático, pero tarde o temprano te darán la razón. No te molestes con ellos, no entienden tus dotes de vidente financiero o tu instinto de corredor de bolsa de Wall Street.
- Tú perreas solo, Escorpio. No necesitas que te lleven de la manita a ningún lado: lo que quieres, vas y lo consigues tú solito. Eres la independencia hecha persona y se te dan muy bien las tareas individuales o ser tu propio jefe. Pero explícate: prepara

un manual de instrucciones para tu uso y así evitarás malentendidos.

- Donde pones el ojo, pones la bala. Y aunque para algunos puedes ser «intenso.com», para ti se trata de tener pasión por lo que haces y comprometerte hasta lograr el objetivo: retroceder, nunca; rendirse, jamás. Solo no te olvides de descansar.
- Ni olvido ni perdón. Te frustras fácilmente con la gente que no da el cien por cien como tú o con compañeros que percibas como rivales, porque ¡oh, sorpresa!, te tomas todo demasiado personal. Aplica lo de Frozen y ♫ «*let it go*» ♫ para ahorrarte problemas. Eso sí, a la gente de tu bando la defenderás con uñas y dientes.

SALUD

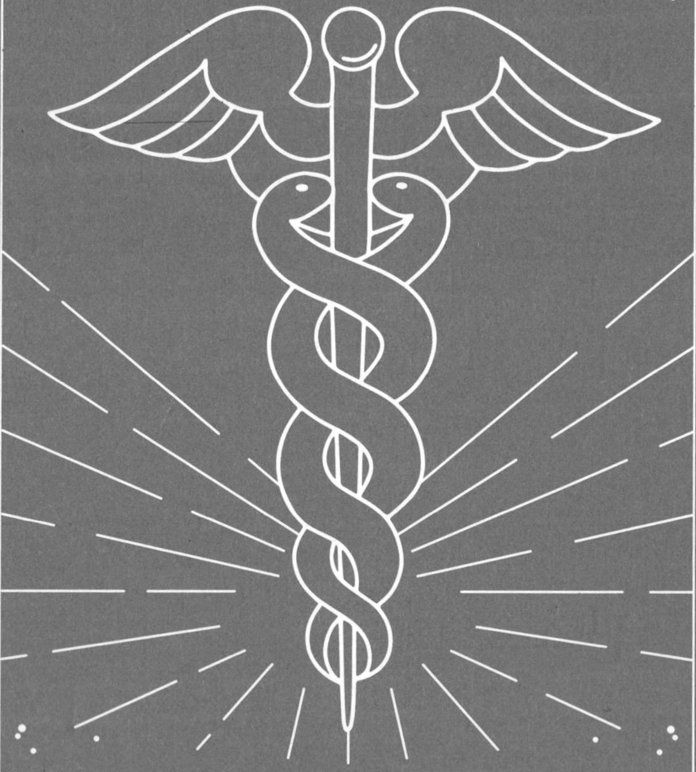

PLUTÓN, PLANETA ENERGÉTICO

Acabar con un escorpión no es tarea fácil, ni en la vida real ni en la zodiacal. Lo que a otros los liquida, a ti apenas te hace cosquillas. Si otros necesitaron una semana para recuperarse, tú con un día de descanso en casa, alejándote del mundo como tanto te gusta, ya estás listo para la siguiente batalla. Como Plutón gobierna la formación de células, eres un exoesqueleto duro de roer y muchos quisieran tener tu poder de autosanación. Nada de medicinas ni esos inventos, tú solito te curas.

Pero si de algo te tienes que cuidar es de ti mismo. Tu obsesión por los extremos puede convertirse en tu peor enemigo. No abuses de los sabores fuertes, las comidas condimentadas, la sal y el consumo de carne roja y alcohol. Plutón la tiene contra tu sistema urinario y necesitarás de muchísima agua para liberarte de las toxinas (hablamos de las que están en tu cuerpo, no de tu ex que te atormenta).

DEPORTES

Quien quiera ganarse una de tus famosas miradas asesinas, que te proponga ir a jugar golf o que te pida que lo acompañes a una clase de yoga. Si tus pulsaciones no se aceleran o no derramas una gota de sudor, mejor que ni te llamen porque para ti eso no se puede considerar deporte. Para aburrirte no vale la pena ni que te pongas ropa deportiva.

Lo tuyo son las actividades extremas como escalar, esquiar, hacer piragüismo o puenting. ¿Hay riesgo de que te rompas una pierna? «¡Presente!» ¿La actividad no la cubren los seguros por considerarla de riesgo? «¡Me apunto!» ¿Toca firmar un contrato de exención de de daños? «¡Ya voy llegando!» Si eliges algo sencillo, lo más básico es el *crossfit*.

CUENTA HASTA 10, ESCORPIO

¿Te han pedido una segunda oportunidad o te acaban de preguntar: «¿Por qué tan serio?»? Bien, tienen 30 segundos para escapar y salvarse. Ahora, si se atrevieron a llamarte «intenso» ya no hay nada que hacer; démoslos por perdidos y concentrémonos en estos pequeños tips para que a la próxima no seas culpable de daños a terceros por explosión:

- Respira y cuenta hasta 50 (10 no son suficientes para ti).
- Consigue un pin que diga «no me hablen» y póntelo en la camiseta durante todo el tiempo que sea necesario.
- Coge el móvil y distráete con tu *hobby* favorito: *stalkear* gente en las redes sociales sin que se entere.
- Escríbele a tu *partner-in-crime* y critica a los inoportunos que se atrevieron a molestarte.
- Planea tu venganza... nada más dulce.

TU FRASES MÁS ARROGANTES

- No voy a gastar mis energías en explicártelo, no lo entenderías.
- Me la haces, me la pagas.
- No es que quiera criticarlos, pero ellos solitos se lo ganan.
- No es que no perdone, solo no olvido y te lo recuerdo cuando es necesario.
- No, para nada, no necesito ayuda... Gracias (dijo más de un Escorpio a punto de colapsar).

LO QUE TE QUITA EL SUEÑO

«¿Diga?, ¿hablamos con el adicto al drama y a la conversación autodestructiva?» Ni el Rey de la Noche de *Game of Thrones* es tan frío como tú: ya sea con el resto, como contigo mismo. Te tomas todo de forma muy personal y pasas noche tras noche repasando lo que te hicieron, lo que no; lo que dijiste y lo que dejaste de decir.

¿Hay algo más dulce que planear tu venganza? Claramente, no. Por eso estás dispuesto a sacrificar tus horas de sueño y tu descanso con tal de maquinar cómo devolverás las afrentas recibidas. Mientras otros duermen, tú conspiras y eso te hace extrañamente feliz.

Y ¡cómo dejar de lado tu intuición!, la razón número uno de tus noches en vela, Escorpio. Tu intuición es un *spoiler* y tú sí que sabes adivinar lo que pasará en la siguiente temporada. Absorbes la energía de la gente e interpretar esas sensaciones te tiene sin pegar ojo.

PARA QUE TE SOPORTES

NO NOS MATES, Escorpio —así, en mayúsculas—. Este manual puede herirte, pero está diseñado para ayudarte. Mira el lado amable y no les prestes atención a tus susceptibilidades escorpianas.

- Te enroscas en un pensamiento más que un caracol; ahí estás dándole vueltas, vueltas y más vueltas. No hay otra salida que reiniciarte el sistema. Tu botón de *reset* es el contacto físico: un buen masaje, una sesión de sexo (con otro o contigo) o algo de deporte. Cualquier cosa de impacto físico que te devuelva de las nubes a tierra firme.
- Tienes una *playlist* depresiva que te gusta escuchar en un *loop* interminable, y para lo único que te ayuda es para salir campeón de cortarte las venas con galletas de animalitos. Crea una lista con música para levantar el ánimo y llámala «S.O.S. Escúchame en caso de emergencia».

- Agua, agua y más agua. Puede que no te ayude a pasar al tóxico de tu ex, pero sí a evitar complicaciones en el sistema linfático, urinario y la piel.
- Tú no quieres terapia, quieres venganza. No te ofendas, Escorpio, pero que tú mismo puedas ser tu mejor sueño o tu peor pesadilla es «objeto de diván». Deja de clavarte el aguijón y trabájalo en terapia.

RITUALES EFECTIVOS

PARA DEJAR DE SER RENCOROSO

Ay, ay, ay... hasta aquí podemos sentir ese filo clavándose lleno de veneno. Desquitarse tiene lo suyo, es verdad, pero ¿a qué coste? Mucho cuidadito, pues mientras planeas venganzas podrías estar encerrándote en tu propio círculo de fuego corriendo el riesgo de clavarte tu aguijón. Por eso tu ritual para dejar de ser tan rencoroso es el siguiente:

- Cómprate un rotulador indeleble de color negro.
- Cada vez que te acuerdes de algo malo que te hicieron, y sientas cómo el veneno se apodera de ti, píntate una raya negra en el brazo.
- Mira cómo, día tras día, tu brazo va tiñéndose todo de negro... Y ¿a quién vamos a engañar?, esto VA a suceder.
- Piensa que, como tu brazo, tu espíritu también se va envenenando de tanto resentimiento. Asusta, ¿verdad?

PARA QUE SE ENAMORE PERDIDAMENTE DE TI

Basta de tener *flashbacks* releyendo los mensajes de tu ex. Sigue estos pasos para que hagas borrón y cuenta nueva:

- Haz una lista de las cinco cosas que estás dispuesto a contar sobre ti mismo. *Hobby*, comida favorita, recuerdo de la infancia... Tú elige. Lo misterioso te funciona, pero hasta cierto punto; después, el ser sigiloso se convierte en una *red flag*.
- Impresiona desde el minuto cero: organiza la salida a uno de esos lugares pintorescos que tan bien conoces.
- Si el zodiaco te dio esa mirada cautivadora, sácale provecho.
- No psicoanalices todo lo que te diga tu *crush*.
- ¡No hables de tu ex!
- No te hagas el interesante: dale *like* a todo lo que publique al día siguiente de la cita.

PARA QUE NUNCA TE ENFERMES

♫ «Tropecé de nuevo con la misma piedra» ♫. Y de nuevo. Y de nuevo. Escorpio, tu capacidad para revivir el pasado nunca deja de sorprendernos, así que la mejor opción para que no te suceda es sacar esas piedras de tu camino (o, en este caso, de tu vesícula o tus riñones, esos con los que a Plutón le gusta jugar tanto).

- Por las mañanas toma una taza de agua caliente con jugo de limón.
- Consigue una botellita de vinagre de manzana y agrega dos cucharadas a un vaso con agua. Toma tu brebaje antipiedras todas las tardes.
- Si a pesar de todo sigues tropezándote con las mismas piedras, escribe su nombre en un papel y quémalo. Luego tira las cenizas al agua y diles adiós para siempre.

OBJETO DE PROTECCIÓN

No hay que ser supersticioso para saber que la vieja y querida herradura de la suerte es un clásico de clásicos cuando de amuletos se trata. A ti, que te fascina explorar lo místico, te viene como anillo al dedo. Asegúrate de que siempre señale hacia arriba (como haciendo una «U»). Si la colocas en la entrada de tu casa, atrae buena fortuna y mantiene a raya las energías negativas. Tócala antes de irte para llenarte de energía positiva. También puedes colocarla sobre la cabecera de la cama para ahuyentar las pesadillas.

TALISMÁN

El escarabajo no es para cualquiera. A diferencia de otros objetos que atraen la buena fortuna, el amor o la prosperidad, su poder está en iluminar el entendimiento de la vida y ampliar los horizontes de nuestra existencia. Por algo es el símbolo de la eternidad y los antiguos egipcios creían que tenía el poder para renovar la vida eterna. Intenso, ¿no? Por eso tú y él *matchean* al cien por cien. Úsalo en accesorios o como un adorno de piedra en casa para que la transformación y renovación siempre fluyan en tu vida.

AMULETO

Dicen que «ojo de loca no se equivoca» y tú, Escorpio, debes estar zafadísimo porque tu instinto casi nunca falla. Por eso el mítico Ojo de Horus, vinculado a la intuición y a percibir cosas más allá de lo evidente, es el amuleto para ti. Según la leyenda egipcia, este es un objeto poderosísimo contra el mal de ojo y las energías negativas que buscan rompernos. Vaya si lo necesitarás, pues eres un imán para absorber el mal rollo de cualquier lugar. Llévalo en joyas o, ¿por qué no?, tatuado en la piel.

PRUEBA

TU PRIMER ELEMENTO

A continuación, un test para saber si eres un Escorpio de tomo y lomo. Una forma infalible de descubrir si estás alineado con tu signo solar. Cinco preguntas sobre tu personalidad que revelarán el verdadero escorpión que eres (o no):

1. Empezamos fuerte con una pregunta que no tienes que responder si no quieres... ¿Cómo te suelen describir en la cama?

A) Bastante normalita, me gusta lo que funciona.

B) Más bien fría, no me suelen gustar los jueguecitos.

C) Una persona apasionada y aventurera.

2. Te has propuesto ser el mejor jugador de un nuevo videojuego que estabas esperando con impaciencia. ¿Lo consigues?

A) No del todo, he venido a disfrutar del juego, pasármelo es lo de menos.

B) No suelo obsesionarme, juego un poco al principio, pero acabo priorizando cosas más importantes.

C) Claro, tengo la tenacidad para acabar un juego si es mi nueva obsesión.

3. Un amigo te hace un comentario muy hiriente. ¿Cómo te lo tomas?

A) Me duele, pero se me acabará olvidando.

B) No lo olvido, pero entiendo que no era su intención.

C) Se le recordaré hasta el día de su entierro.

4. ¿Mantienes amistades de tu infancia?

A) Todas y en gran cantidad, aunque sean un poco superficiales y nos veamos muy de vez en cuando.

B) Alguna. Tenemos un grupo de WhatsApp, pero priorizo las actuales y se me acaban olvidando las antiguas.

C) Una o dos como mucho. Ahora bien, a estas las llamo bastante y las tengo presentes en mi día a día.

5. ¿Te consideras una persona sensible?

A) No más que la media.

B) Más bien lo contrario, la vida no está hecha para sentimentalismos.

C) Muchísimo, suelo llorar o reír con facilidad, ¡no tengo punto medio!

RESULTADOS

A: Te tomas la vida con filosofía y eres una persona transparente, alegre y social, no puedes ser Escorpio a no ser que seas una Escorpio que sabe esconder muy bien ser Escorpio.

B: Eres demasiado poco intenso para ser Escorpio. Quizás te vaya mejor en la vida, ya que no tienes al extremo, aunque Escorpio pensará que eres un aburrido.

C: Eres Escorpio hasta el tuétano. Seguramente tengas tatuado un escorpión y defenderás tu signo con capa y espada frente a tus detractores.

TU SEGUNDO ELEMENTO

Es posible que hayas nacido Escorpio, pero todas las variables de tu carta astral te hacen tener matices que no te cuadran con algunas descripciones de tu signo. «Ya decía yo que todo esto no es cierto, me engañaron, esto se lo inventaron...». ¡PARA! Respira. Lo que queremos decir es que es posible que tu personalidad tenga influencias de otros elementos y eso significa que no todo es blanco o negro a la hora de ser humano y esta prueba te puede ayudar a conocerte mejor, saber cuáles son esas pizcas de los otros elementos que te hacen único y también te ayudan a entender de dónde salen esas actitudes raras, pero que son tan naturales en ti. Escorpio, ya sabes que te pasas el día nadando en tus emociones y sobreanalizando lo que sucede a tu alrededor. Te lo dice tu elemento, pero ¿sabes cuál es el otro elemento que predomina en tu vida?

Esta prueba está diseñada para que evalúes la porción que tienes de cada elemento y puedas equilibrar lo que te gusta y lo que no; averiguar de dónde salen esas reacciones tan poco escorpianas o, por el contrario, confirmar que eres todo un huracán. Asigna un punto por respuesta positiva. Y si no eres ni uno ni otro, pues asigna medio punto por respuesta.

	SÍ	NO	A VECES
FUEGO			
¿Vives la vida a lo grande, sin reservas, sin importar lo que pase a tu alrededor?			
¿Eres auténtico, directo, dices lo que piensas y no dejas que nadie se imponga sobre ti?			
¿Eres el líder natural de todos tus círculos por ser el que planea, motiva y, a veces, manda hasta sin darse cuenta?			
Si alguien te cuestiona, ¿haces todo lo posible para demostrar quién es el que manda?			
¿Es inevitable para ti pensar que tu felicidad es lo más importante del «mundo mundial» y todo lo que se interponga entre tu felicidad y tú debe ser eliminado?			
Cuando hablas, ¿tienes un impulso descontrolado y dices todo lo que se te pasa por la cabeza sin pensar en las consecuencias?			
TIERRA			
¿Tus acciones son gobernadas por la lógica y no permites que los sentimientos interfieran en tus decisiones?			
¿Tienes síndrome del árbol? (Quieres sentarte en la misma silla, ordenar las cosas de igual manera en todos tus asuntos, es difícil pensar en una mudanza o en cambios drásticos repentinos.)			

	SÍ	NO	A VECES
¿Te gusta más tener un recuerdo físico y palpable que una loca experiencia?			
¿Eres apegado a tus pertenencias y podrías dedicarte a ser un coleccionista profesional?			
¿La disciplina es una característica fundamental para tener éxito en cualquier aspecto de la vida? (Hasta para la diversión creas reglas.)			
¿Podrías anteponer tu bienestar laboral a tu vida personal o tus gustos?			
AGUA			
¿Tus sentimientos mandan en tu vida? (Mejor dicho, ¿eres *drama queen?)*			
¿Piensas que nadie puede entender lo profundo de tus sentimientos?, ¿que los demás no sienten igual?			
¿Te es más fácil llorar que anudarte los cordones?			
Y aun con lágrimas en los ojos, ¿sientes que puedes con todo y que nada puede destruirte?			
A la hora del amor, ¿eres un romántico empedernido y tu pareja se convierte en el centro de tu vida?			
¿La palabra *infidelidad* te suena rarísima y no sabes ni siquiera cómo alguien puede pensar en otra persona que no sea su pareja?			

	SÍ	NO	A VECES
AIRE			
¿Tu gran pasión está en cómo puedes decir o entender todo lo que pasa a tu alrededor?			
¿Eres el alma de la fiesta y respiras vida social?			
¿Calculas todo, piensas demasiado y, muchas veces, esos pensamientos no llegan a concretarse?			
¿Puedes sostener una conversación de lo que sea, con quien sea, sin ningún tipo de problema?			
¿Solamente pensar en que vas a estar en el mismo lugar durante mucho tiempo te te pone la piel de gallina y sientes horror?			
Cuando hablas con personas, ¿a menudo te dicen que se sienten comprendidas?			

¿Cuál fue tu mayor puntuación? Suma los puntos y descubre tu resultado en las siguientes páginas.

RESULTADOS

Mayoría de fuego

Nos vas a perdonar, pero no sabemos cómo lo haces para estar vivo en medio de estos dos elementos, el fuego y el agua. Por un lado, ruges y lo calientas todo y a todo el mundo, y un segundo más tarde estás sonándote los mocos hundido en la melancolía. Tu personalidad fuerte se compara con el Sol: a veces calientas y otras chamuscas. Te gusta vivir al límite y te concentras con tanta intensidad en lo que quieres y cómo lo quieres que a veces puedes olvidarte de lo que pasa a tu alrededor y hacer daño al que esté cerca.

Los signos de fuego son: Aries, Leo y Sagitario.

Mayoría de tierra

Qué bien que tengas un poco de tierra, porque dejarte llevar por la marea toda la vida puede ser sinónimo de inestabilidad, y ya sabemos que para sentir un millón de emociones distintas y dramatizarlas eres el número uno. Tu carácter es fuerte y sólido, algunos dirían que terco y obstinado. A ti no se te olvidan tan rápido los problemas; puede que no hagas un escándalo, pero todo queda anotado en tu libreta. El sentido de propiedad privada trasciende a las personas, por lo que eres propenso a los celos.

Los signos de tierra son: Tauro, Virgo y Capricornio.

Mayoría de agua

Vas por la vida dejando fluir tu personalidad. Las emociones manejan la PlayStation de tu vida, no importa si es para arriba con la alegría o el amor o para abajo con la frustración y la tristeza. Todo lo sentirás con mucha intensidad y siempre haces lo que te dice el corazón —incluso si de planear la más fría de las venganzas se trata—. Tus reacciones pueden ser en extremo dramáticas cuando se trata de los sentimientos. En la cama tienes una lujuria potente que de agua mansa pasa a ser ese huracán rugiente que deja sin aliento y libera pura energía.

Los signos de agua son: Cáncer, Escorpio y Piscis.

Mayoría de aire

Eres un huracán de aire y agua que lo revuelve todo: un día quieres ver al mundo arder y eres el «grinch» del amor, y al otro día quieres volver a creer en los cuentos de hadas. Probar, experimentar y elegir TODAS las posibilidades es lo que te llama. Eso sí, tener tantas cosas en la cabeza al mismo tiempo hace que andes por la nebulosa y te cueste concentrarte o incluso concretar una sola. No toleras el aburrimiento, necesitas espacio y aire para no ahogarte; y es que la vida es una sola y no da para aburrirse por nada ni nadie.

Los signos de aire son: Géminis, Libra y Acuario.

Querido Escorpio, después de todo lo que hemos dicho en este libro, de cómo hemos descrito y desvelado los más íntimos secretos de tu personalidad (eso que ni a ti te gusta admitir o que no habías notado de manera consciente), creemos que esta prueba te ha enseñado que no debes ser tan inflexible con los extremos, sino que hay una enorme escala de grises en medio. Las variables de tu carta astral, que aquí te hemos mostrado, harán que cada vez te conozcas más y que estés preparado para todo en esta vida.

Ya que has sobrevivido a esta cantidad desproporcionada de verdades sin adornos, como te gusta, piensa en este libro como un manual de consulta al que puedes volver cada que se te olvide lo impulsivo, impaciente, reservado, leal, agradecido y renegón que eres. Si te gustan los secretos del horóscopo, seguro que te gustará conocer más de tu ascendente, tu Luna, y cómo entender las piezas que no te encajan del todo. Si es así, no dudes en consultar los otros signos para acabar de soportarte a ti mismo.

GLOSARIO

Planeta regente, Mercurio retrógrado, signo ascendente... Respira hondo y no te desesperes. Hemos preparado un glosario para que entiendas mejor los términos.

Signo solar

El que le preguntas a tu *crush* y que siempre consultas en el horóscopo. Se define teniendo en cuenta en qué constelación se encontraba el Sol en el día y mes en que naciste.

Carta astral

Es la «foto» de cómo estaba el cielo aquel preciso instante en el que naciste. Con ella conocerás la posición exacta de los planetas: tu signo solar, tu ascendente y descendente, así como características únicas.

Signo ascendente

Representa la forma en la que te acercas a la vida y cómo te perciben los demás. Se define teniendo en cuenta qué signo asomaba por el horizonte al momento de nacer. Para saber cuál es el tuyo necesitas tu carta astral.

Signo descendente

Tu signo descendente —al ser el opuesto a tu ascendente— representa a tu posible compañero de vida. Calcúlalo de forma fácil: están a seis signos de distancia uno del otro. Conocerlo te ayudará a entender mejor a tu pareja y lo que buscas o encontrarás en ella.

Mercurio retrógrado

Este fenómeno se da cuando este planeta pareciera quedarse quieto e ir en retroceso, en «retrogradación». Y como Mercurio es el responsable de la comunicación, los malentendidos y desacuerdos están a la orden.

Planeta regente

Cada signo del zodiaco vibra de forma particular con un planeta del sistema solar o sus astros, y esa afinidad energética es la que define el planeta correspondiente a tu signo.

Elementos

La tierra, el fuego, el aire y el agua son los cuatro elementos de la astrología, y cada signo del zodiaco está relacionado con uno de ellos. Los signos de tierra son cuadrados y confiables. Los de fuego son pura chispa y energía. Los signos de aire son visionarios y rápidos de pensamiento; y los de agua destacan por su intuición y sensibilidad.